BEI GRIN MACHT SICH
WISSEN BEZAHLT

- Wir veröffentlichen Ihre Hausarbeit,
  Bachelor- und Masterarbeit

- Ihr eigenes eBook und Buch -
  weltweit in allen wichtigen Shops

- Verdienen Sie an jedem Verkauf

Jetzt bei www.GRIN.com hochladen
und kostenlos publizieren

Raffael Jambor

Wissensschutz. Maßnahmen und Schadensfälle

GRIN Verlag

Bibliografische Information der Deutschen Nationalbibliothek:

Die Deutsche Bibliothek verzeichnet diese Publikation in der Deutschen National-
bibliografie; detaillierte bibliografische Daten sind im Internet über http://dnb.d-
nb.de/ abrufbar.

Impressum:

Copyright © 2014 GRIN Verlag GmbH
Druck und Bindung: Books on Demand GmbH, Norderstedt Germany
ISBN: 978-3-656-87714-1

Dieses Buch bei GRIN:

http://www.grin.com/de/e-book/287300/wissensschutz-massnahmen-und-schadens-
faelle

Wissensschutz: Maßnahmen und Schadensfälle

BACHELORARBEIT

zur Erlangung des
akademischen Grades

„Bachelor of Science"

der
Wirtschaftswissenschaften

Institut für Wirtschaftsinformatik, Produktionswirtschaft und Logistik

Fakultät für Betriebswirtschaft

der Leopold-Franzens-Universität Innsbruck

von

Raffael Jambor

Innsbruck, Juni 2014

Inhalt

Sämtliche personenbezogenen Bezeichnungen sind geschlechtsneutral zu verstehen.

Abkürzungsverzeichnis

bzw.	beziehungsweise
et al.	et altera
etc.	et cetera
HFT	High Frequency trading
Hg	Herausgeber
HR	Human Ressource
m.H.	mit Hilfe
u.a	unter anderem

Darstellungsverzeichnis

1. Einleitung

Im Laufe der Zeit gewann Wissen zunehmend an Bedeutung und ist heutzutage bald eine der wichtigsten Ressourcen in einem Unternehmen. Umso wichtiger wird es für Unternehmen, sein Wissen zu schützen. (Davenport & Prusak, 1998, S. 44–45) Anhand einer selbst erstellten Klassifizierung werden Maßnahmen zum Wissensschutz erläutert, Schadensfälle aufgezeigt und anschließend in einer Diskussion gegenübergestellt. Die Forschungslücke, die in dieser Arbeit behandelt wird, ist die Auf- und Gegenüberstellung von Wissensschutzmaßnahmen und Schadensfällen. Bevor jedoch diese Punkte erläutert werden, wird geklärt, was Wissen ist, es erfolgt eine Abgrenzung von Zeichen, Daten, Informationen und Wissen. Es wird behandelt, was es für Arten von Wissen gibt und welche Bedeutung Wissen als Unternehmensressource hat. Im Anschluss wird die Relevanz von Wissensschutz im Unternehmen besprochen. Nach der Klassifizierung der Schadensfälle werden Schutzmaßnahmen erörtert und im Anschluss Schadensfälle aus der Literatur erläutert. In einer abschließenden Diskussion werden diese wiederum gegenüber gestellt und beschrieben. Am Ende der Arbeit wird noch ein Fazit gezogen und ein Zukunftsausblick gegeben. Mit diesem Aufbau der Arbeit wird erreicht, dass auch Personen, welche sich in dieser Materie wenig oder nicht auskennen, diese Arbeit verstehen können.

Diese Arbeit basiert auf einer grundlegenden Literaturrecherche. Ausgehend von einem Fachartikel wurde in der Universitätsbibliothek, in diversen Fachzeitschriften und auch m.H. von Google Scholar gesucht. Es wurden sowohl deutsche als auch englischsprachige Quellen verwendet. Das Hauptaugenmerk der Suche war auf Fachartikel gerichtet, da diese in der Regel auf dem neuesten Stand sind, da zwischen Erarbeitung und Veröffentlichung deutlich weniger Zeit vergeht als bei Büchern.

2. Grundlagen

Bevor man sich mit Wissensschutz auseinandersetzen kann, muss erst einmal geklärt werden worum es geht. Man muss klären, was Wissen ist, welche Arten von Wissen es gibt und welche Bedeutung Wissen als Unternehmensressource hat. Abschließend muss man das allgemeine Wissensmanagement betrachten um dann im Anschluss ins Detail, dem Wissensschutz, zu gehen.

2.1. Wissen

Um zu klären, was Wissen ist, muss Wissen zerlegt werden. Angefangen mit einzelnen Zeichen, die als Daten zusammengefasst sind, dann mit Informationen verknüpft werden, kommt man zum eigentlichen Wissen. (Rehäuser & Krcmar, 1996, S. 3) Zeichen sind die kleinsten Teile, kommen einzeln vor und werden erst durch eine Syntax zu Daten. (Frey-Luxemburger, 2014, S. 17) Als Beispiel kann man sich hier beliebige Zahlen oder Buchstaben vorstellen.

Sind diese Zeichen zwar ohne Kontext und ohne Bezeichnung, aber angeordnet, spricht man von Daten. Daten sind zum Beispiel Aufzeichnungen über Transaktionen. Daten besitzen kaum Bedeutung bzw. kann man deren Bedeutung nur erraten. Daten sind leicht zu erfassen, zu speichern und zu verarbeiten. Daten spielen in allen Unternehmen eine Rolle, bei den einen mehr als bei den anderen. Vor allem kommt es auch auf die Qualität der Daten an, nicht nur auf die Fülle. Daten sind wert- und urteilsfrei und daher als Handelsbasis alleine nicht geeignet. (Davenport & Prusak, 1998, S. 27–28)

Ohne Informationen kann man mit diesen Daten nicht viel anfangen. Informieren bedeutet so viel wie etwas eine Form geben. Informationen geben demnach Daten eine Form. (Davenport & Prusak, 1998, S. 29) Sie stellen die Daten in einen Zusammenhang. (Kreidenweis & Steincke, 2006, S. 20–21)

Hat man die Informationen, kommt das Wissen ins Spiel. Es bewertet die Informationen. (Kreidenweis & Steincke, 2006, S. 19–23) Davenport und Prusak (1998) haben Wissen wie folgt definiert:

„Wissen ist eine fließende Mischung aus strukturierten Erfahrungen, Wertvorstellungen, Kontextinformationen und Fachkenntnissen, die in ihrer Gesamtheit einen Strukturrahmen zur Beurteilung und Eingliederung neuer Erfahrungen und Informationen bietet. Entstehung und Anwendung von Wissen vollziehen sich in den Köpfen der Wissensträger. In Organisationen ist Wissen häufig nicht nur in Dokumenten oder Speichern enthalten, sondern erfährt auch eine allmähliche Einbettung in organisatorische Routinen, Prozesse, Praktiken und Normen." (Davenport & Prusak, 1998, S. 32)

Aus dieser Definition lässt sich schließen, dass Wissen weder wohl geordnet, noch dessen Erfassung einfach ist. Wissen bewertet die Informationen, welche wiederum auf Daten und Zeichen basieren, und wandelt diese in Wissen um. Die Umwandlung von Informationen in Wissen wird vom Menschen herbeigeführt. (Davenport & Prusak, 1998, S. 31–33; Kreidenweis

& Steincke, 2006, S. 21–25) Es gibt verschiedene Arten von Wissen, wie es im folgenden
Kapitel gezeigt wird.

2.2.   Typisierung von Wissen

Es gibt mehr als einen Wissenstyp. Je nach Entstehung, Art und anderen Einflüssen muss man
zwischen Sach- und Handlungswissen, implizitem und explizitem Wissen, individuellem und
organisationalem Wissen und Metawissen unterscheiden. Am Ende wird auch noch das Wissen
an sich behandelt.

Zwischen Sach- und Handlungswissen wird unterschieden, ob man etwas weiß, oder ob man es
kann. Sachwissen bewertet und ordnet ein, Handlungswissen ist sozusagen das Knowhow, also
praxisrelevant.

Zwischen explizitem bzw. implizitem Wissen wird unterschieden, wie man das Wissen fassen
kann. (Kreidenweis & Steincke, 2006, S. 24–25) Implizites Wissen ist das Wissen, welches an
einen Menschen gebunden ist und sich nicht einfach erklären lässt. Es basiert darauf, dass es
um Können und Verstehen eines Subjekts geht und es daher schwer, wenn überhaupt, in Worte
gefasst werden kann. Als Stichworte sind hier Erfahrung oder Intuition zu geben. (Kreidenweis
& Steincke, 2006, S. 25; Schreyögg & Geiger, S. 14 (8)) Implizites Wissen ist daher sehr
wertvoll, da es nicht einfach erlernbar ist oder weitergegeben werden kann. Explizites Wissen
hingegen beschreibt jenes Wissen, welches „in artikulierter, transferierbarer und archivierbarer
Form vorliegt; es ist nicht an ein Subjekt gebunden" (Schreyögg & Geiger, S. 14 (8)).

*Darstellung 1: Eisbergmodell: Explizites und
Implizites Wissen (www.anleiten.de, S. 1)*

Anhand des Eisbergmodells lässt sich die Verteilung von implizitem und explizitem Wissen
leicht veranschaulichen. Das implizite Wissen macht einen deutlich größeren Teil aus als das
erfassbare, explizite.

Die nächste Unterscheidung, die man vornehmen kann, ist die zwischen individuellem und
organisationalem Wissen. Wie schon der Name verrät, ist individuelles Wissen Eigentum der
Mitarbeiter, während organisationales Wissen im Unternehmen bzw. der Organisation steckt.

Individuelles Wissen ist nur dem Menschen selber bekannt und wird nicht geteilt. Hierzu zählen sowohl das implizite Wissen wie oben beschrieben, als auch persönliche Aufzeichnungen und Dokumente. Wird individuelles Wissen bekannt, kann es zu organisationalem Wissen werden. Organisationales Wissen ist das Wissen einer Organisation, über deren Abläufe, Prozesse und Sonstiges, das mit der Organisation in Verbindung steht. (Bouncken, 2003, S. 2)

Als letztes Typenpaar gibt es noch das Metawissen und das Wissen an sich. Wissen an sich ist der Überbegriff aller soeben behandelten Wissenstypen. Metawissen ist Wissen über das Wissen. Wo findet man welches Wissen, wie wird Wissen am besten transferiert. Das Metawissen ist relevant für Wissensmanagement. Eine bekannte Erscheinung von Metawissen ist das Stichwortverzeichnis eines jeden Fachbuches. Es enthält nicht das Wissen dieses Buches, sondern das Wissen, wo man das gesuchte Wissen im Buch findet. (Rehäuser & Krcmar, 1996, S. 8)

All diese oben beschriebenen Wissensarten spielen in unterschiedlichen Gewichtungen wichtige Rollen in Unternehmen und daher auch im Wissensschutz.

2.3.   Wissen als Unternehmensressource

Wissen ist nicht fassbar und gehört daher zum immateriellen Unternehmensvermögen. Monetär ist es zwar nicht messbar, es wirkt sich jedoch entscheidend auf den Unternehmenserfolg aus. Problematisch kann es werden, wenn das von der Unternehmensführung nicht erkannt wird. (Linde & Brodersen, 2008, S. 30) Durch eine Ungleichverteilung von Wissen unter den Unternehmen können sich Unternehmen durch Wissensvorsprünge von der Konkurrenz absetzen. (Rehäuser & Krcmar, 1996, S. 14) Dieser Wissensvorsprung währt jedoch nicht auf Dauer, daher können sich erfolgreiche Unternehmen nicht auf ihr Wissen verlassen, sondern müssen ihr Wissen ständig weiterentwickeln, um sich weiterhin von der Konkurrenz abzusetzen. (Rehäuser & Krcmar, 1996, S. 15)

2.4.   Wissensmanagement

Unter Wissensmanagement versteht man „die gezielte Steuerung des Einsatzes und der Entwicklung von Wissen in Betrieben, Institutionen und Tätigkeitsbereichen sowie durch einzelne Menschen" (Wendt, 1998, S. 32). Es befasst sich mit Erstellung, Erwerb, Identifikation, Nutzung, Speicherung und Verbreitung von Wissen (Heisig & Orth, 2005, c 2005, S. 33–38) sowie dessen Bewahrung. (Probst, Raub & Romhardt, 2012, S. 30,35) Wissensmanagement ist nichts Neues, zumindest wurde schon immer nach Wissen gesucht. Der Begriff Wissensmanagement hingegen hat sich erst mit der Zeit geprägt und an Bedeutung gewonnen. Neu ist, dass Wissen als wichtiger Unternehmenswert verstanden wird. (Davenport & Prusak, 1998, S. 44) Ziel des Wissensmanagements muss es sein, eine Organisation zu schaffen, die auf Wissen basiert. (Frey-Luxemburger, 2014, S. 34) Im Unternehmensmanagement ist Wissensmanagement somit zu einem festen Bestandteil herangewachsen. (Rehäuser & Krcmar, 1996, S. 19) Aufbauend auf diesen Erkenntnissen muss ein ganzheitliches Wissensmanagement folgende Bausteine und Prozesse berücksichtigen: (Haun, 2004, S. 107)

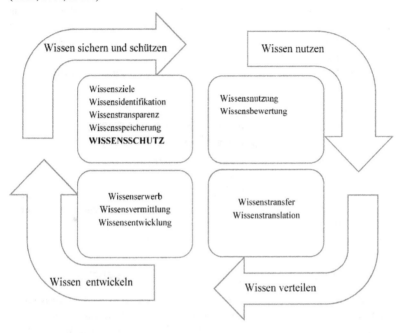

Darstellung 2: Prozesse und Bausteine Wissensmanagement (angepasst übernommen aus (Haun, 2004, S. 107Abb. 2-17))

Hier findet sich der Wissensschutz wieder, auf welchen im folgenden Kapitel eingegangen wird.

3. Wissensschutz

Nach der Definition von Wissen und Wissensmanagement wird der Wissensschutz im eigentlichen Sinn behandelt. Zuerst wird Wissensschutz allgemein definiert und dann dessen Relevanz in Unternehmen betrachtet. Danach wird auf Schutzmaßnahmen eingegangen, bevor auf die Erstellung eines ganzheitlichen Schutzkonzeptes eingegangen wird. Auf Basis der intensiven Auseinandersetzung mit dieser Thematik bin ich zu folgender Definition von Wissensschutz gekommen:

Wissensschutz behandelt den Teil des Wissensmanagements, bei dem es darum geht, dass wettbewerbsrelevantes Wissen in der Firma bleibt und vor äußeren Einflüssen und Eingriffen, sowie vor unvorhergesehenen Abflüssen geschützt wird.

Zusätzlich zu dieser Definition muss man wissen, in welche Richtungen Wissen abfließen kann und was geschützt werden muss. Meist wird unter Wissensschutz der Schutz vor der Konkurrenz verstanden, jedoch ist die Versiegung von Wissen in einem Unternehmen nicht zu vernachlässigen. Im Anschluss muss geklärt werden, welches Wissen in einem Unternehmen einen Schutzbedarf hat.

3.1.   Relevanz von Wissensschutz in Unternehmen

Die materiellen Besitztümer eines Unternehmens mögen noch so wertvoll sein, das größte Vermögen ist sein Wissen. Auch die Erfahrung der Mitarbeiter spielt eine entscheidende Rolle. (Hus Christoph, 2005) Lange Zeit wurde diese Thematik von Unternehmen kaum berücksichtigt, gewinnt aber in den letzten Jahren zunehmend an Bedeutung. (Manhart & Thalmann, 2013, S. 1) Für Unternehmen spielt der Wissensschutz eine immer markantere Rolle, was daran zu sehen ist, dass auf Grund der großen Sicherheitslücken Unternehmen sehr viel Geld ausgeben um Wissensschutzkonzepte zu implementieren oder von Beratern kontrollieren zu lassen. (Manhart & Thalmann, 2014, S. 1) Es wurde erkannt, dass Wissen Vermögen ist und einer ähnlich sorgfältigen Behandlung bedarf wie materielle Gegenstände eines Unternehmens. Es wird zudem immer wichtiger, Wissen optimal zu nützen. (Davenport & Prusak, 1998, S. 44) In einem Unternehmen muss Wissen eine besondere Aufmerksamkeit geschenkt werden, da es „als Produktions- und Wettbewerbsfaktor den anderen Faktoren übergeordnet" ist (Rehäuser & Krcmar, 1996, S. 18).

3.2.   Klassifizierung

Betrachtet man nun die Wissensschutzmaßnahmen, muss vor allem berücksichtigt werden, wie Wissen ein Unternehmen verlassen kann. Hierzu wurde eine Klassifizierung aufgebaut und folgende drei Klassen definiert:

- Wissensbeschaffung
- Wissensweitergabe

• Wissensversiegung

Es wurden 12 Hauptgründe identifiziert und den Klassifizierungen zugeordnet. Im Anhang befindet sich eine grafische Gegenüberstellung der Abflussgründe, Maßnahmen und Klassen. Dies ist eine vereinfachte Grafik zur besseren Anschaulichkeit:

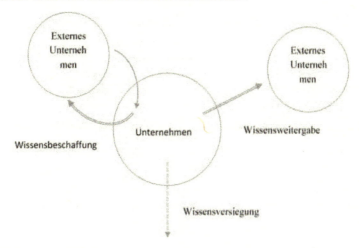

Darstellung 3: (selbst erstellt) grafische Veranschaulichung der Wissensabflüsse

Die Pfeile symbolisieren die Aktionen, welche zum Wissensabfluss führen. Eine doppelte Linie bedeutet, dass Wissen fließt.

3.2.1. Wissensbeschaffung

Wissensbeschaffung umfasst alle Aktivitäten, welche dazu verwendet werden, um Wissen, meist illegal, von einem in ein anderes Unternehmen zu bringen. Hierzu zählen alle Aktionen, egal von wem gesetzt, die einem zweiten Unternehmen helfen, sich Wissen anzueignen, welches nicht selbst erstellt wurde. Es passiert tatsächlich recht häufig, dass Unternehmen, durch andere Unternehmen oder ausländische Nachrichtendienste, abgehört bzw. ausspioniert werden. (Range, 2002; Tsolkas & Wimmer, 2013, S. 11) Geht es nur darum in einen Computer bzw. in ein Firmennetzwerk einzudringen, dann spielt das Hacking eine Rolle. (Tsolkas & Wimmer, 2013, S. 14) Wie anhand der im späteren Verlauf behandelten Schadensfälle ersichtlich wird, kommt es auch vor, dass Mitarbeiter fremder Unternehmen, meist aus einem anderen Land, in ein Unternehmen eingeschleust werden. Dort haben sie dann genügend Zeit und Raum, um sich die gewünschten Daten zusammenzusammeln. Neben den bisher genannten illegalen Beschaffungsmöglichkeiten gibt es aber auch ein legale: wenn das Unternehmen sein Wissen ohne äußerlichen Einfluss verliert, sei es durch ein Datenleck auf der Homepage, ein Administrationsfehler in der Dokumentation oder das schlichte Vergessen der Anmeldung eines Patentes. Natürlich geht es auch konventionell, indem in das Unternehmensgebäude eingebrochen wird um Datenträger, Unterlagen oder Skizzen zu entwenden. Zusammenfassend umfasst die Wissensbeschaffung Wissensabfluss durch Auskundschaften, Hacking, Einbruch bzw. Diebstahl und Spionage bzw. Abhören.

3.2.2. Wissensweitergabe

Betrachtet man als nächstes die Wissensweitergabe, geht es nicht darum, dass jemand externer in ein Unternehmen kommt und Wissen mitnimmt, sondern sie befasst sich damit, wenn Mitarbeiter, aus welchen Gründen auch immer, das Unternehmen verlassen bzw. Wissen weitergeben. (Droege & Hoobler, S. 1) Geht man von innen nach außen, kommt man zum klassischen Fall: Ein Mitarbeiter verkauft Wissen an ein anderes Unternehmen gegen Geld- oder Sachleistungen. (Hannah, 2005, S. 1) Auch kann ein Mitarbeiter je nach Situation, bewusst oder unbewusst, Wissen in ein anderes Unternehmen tragen und somit seinem alten damit schaden. (Salzburger Nachrichten, 2013) Das gilt sowohl für explizites, als auch implizites Wissen, wie aus den später diskutierten Fällen hervorgeht.

Zusammenfassend umfasst die Wissensweitergabe den Wissensabfluss durch Mitarbeiterwechsel, Verkauf von Wissen durch einen Mitarbeiter und unbeabsichtigte Wissensweitergabe.

3.2.3. Wissensversiegung

Wie die Bezeichnung schon sagt, behandelt die Wissensversiegung den Verlust von Wissen ohne direkten äußerlichen Faktor. Gemeint ist, dass Wissen auf ‚natürlichem' Wege das Unternehmen verlässt. Der schlimmste anzunehmende Fall ist, wenn ein Mitarbeiter stirbt. Das Wissen dieses Mitarbeiters ist dadurch unwiederbringlich verloren. Aber auch durch Pensionierung oder berufliche Neuorientierung kann Wissen das Unternehmen verlassen. (Chan & Chao, 2008, S. 5; Durst & Wilhelm, 2011, S. 26) Es ist zwar nicht unbedingt unwiederbringlich, jedoch ist der Zugriff, vor allem auf implizites Wissen, fast nicht mehr möglich. Der ‚beste' Fall ist hier noch die Krankheit. Ist ein Mitarbeiter längere Zeit krank bzw. nicht fähig zu arbeiten, ist das Wissen zwar nicht verfügbar, jedoch ist das meist nur vorübergehend, vorausgesetzt der Mitarbeiter kehrt mit dem Wissen in das Unternehmen zurück. Es kann aber trotzdem passieren, dass Wissen durch Krankheit ebenso verloren geht. (Trojan, 2006, S. 4,231-232)

Zusammenfassend umfasst die Wissensversiegung Wissensabfluss durch Pensionierung, Tod, Krankheut und berufliche Neuorientierung.

3.3.   Schutzmaßnahmen

Wissensschutz ist auch immer eine Aufwand/Nutzen Analyse. Mit welchem Aufwand kann eine Maßnahme eingesetzt werden, was bringt sie und wie hoch ist der Schaden, wenn man die

Maßnahme nicht anwendet. (Zimmermann, 2011, S. 27) Die Schutzmaßnahmen werden den Klassifizierungen zugeordnet. Es kommt vor, dass eine Schutzmaßnahme für mehr als eine Klasse wirken kann. Nach einem tabellarischen Überblick werden als Erstes ein paar grundlegende Maßnahmen behandelt, die ohne konkreten Fall zum Wissensschutz im Unternehmen beitragen.

3.3.1. Allgemeine, grundlegende Maßnahmen

Bevor spezielle Schutzmaßnahmen besprochen werden, werden ein paar grundlegende Regeln aufgezeigt.

Wissen soll im Zweifel nicht ohne Rücksprache preisgegeben werden

Oft wissen Mitarbeiter nicht, was sie preisgeben dürfen oder sind sich ihrer Kompetenzen nicht bewusst. Im Zweifel sollte daher immer ein Vorgesetzter konsolidiert werden. (Lindemann, Meiwald & Petermann, 2012, S. 87)

Verhaltensrichtlinien

Des Weiteren sollten Verhaltensrichtlinien für Mitarbeiter erarbeitet werden, wie zum Beispiel Fotografie-Verbote in gewissen Bereichen oder Ähnliches, wo Wissen gefährdet ist. (Lindemann et al., 2012, S. 92–93)

Geheimhaltungs- und Vertraulichkeitsvereinbarungen

Mit Mitarbeitern sollten Geheimhaltungsvereinbarungen getroffen werden, welche diese auf die Illegalität ihres vermeintlichen Tuns aufmerksam machen und somit eine Hürde schaffen. (Lindemann et al., 2012, S. 97–98)

3.3.2. Spezielle Schutzmaßnahmen

In der Tabelle findet sich eine Aufstellung der verschiedenen speziellen Schutzmaßnahmen und eine Einordnung, gegen welche Art von Wissensverlust sie wirken.

Maßnahmen	Wissensbeschaffung	Wissensweitergabe	Wissensversiegung
Patente	X		
Verschlüsselte Wechseldatenträger	X		
Gesetze und gesetzliche Regelungen	X	X	
Zugangs-und Zugriffsberechtigungen	X	X	
Lieferantenaudits	X	X	
Einstellungsprozess		X	
Mitarbeiterüberwachung		X	
Ausbildung und Training		X	X

		X	X
Job Rotation		X	X
Mitarbeiterbindung		X	X
Anreizsysteme		X	X
Talent Management		X	X
Interne Kommunikation			X
Generationenübergreifende Erfahrungsdialoge			X
Orientierte Karriereplanung und soziale Faktoren			X
Wissen in Datenbanken halten			X

Darstellung 4: (selbst erstellt) Übersicht über die Schutzmaßnahmen

Patente

Wissensbeschaffung	Wissensweitergabe	Wissensversiegung

Eine einfache Möglichkeit, das von einem Unternehmen selbst erstellte Wissen zu schützen, ist die Verwendung von Patenten und der Rückgriff auf gesetzliche Regelungen. (Lüthy, 2002, S. 121–123) Des Weiteren kann man die Strategie verfolgen, irreführende Patente anzumelden, um die Konkurrenz zu verwirren. Diese können dann nur erraten, was die nächste Innovation des Unternehmens sein wird. (Lindemann et al., 2012, S. 94) Zwei Studien[1] haben gezeigt, dass amerikanische Firmen sich mehr auf den Patentschutz verlassen als europäische. Beide jedoch stellen Geheimhaltung und zeitlichen Vorsprung, welche zusammen einhergehen, über den Patentschutz. Somit nimmt diese Schutzmaßnahme eher eine unterstützende Wirkung ein. (Cantner, S. 2)

Verschlüsselte Wechseldatenträger

Wissensbeschaffung	Wissensweitergabe	Wissensversiegung

Wechseldatenträger wie Speicherkarten oder USB Sticks werden immer kleiner und umfassen immer mehr Speicherkapazität. Längst reichen sie aus um ganze Datenbanken, Dokumente und Bilder zu speichern.[2] Daher ist es umso wichtiger, die Verwendung solcher Datenträger zu verhindern oder so minimal wie möglich zu halten. So schnell etwas darauf gespeichert ist, so schnell ist ein USB Stick oder eine Speicherkarte auch verloren oder entwendet. Daher ist es wichtig, dass die Daten auf den eingesetzten Wechseldatenträgern stets verschlüsselt sind. In der Literatur wird hier das Programm „TrueCrypt" empfohlen, jedoch muss man nach den

---

[1] 2 Studien: Cohen, Wesley M.; Nelson, Richard R.; Walsh, John P. (2000): Protecting their intellectual assets: Appropriability conditions and why U.S. manufacturing firms patent (or not) und Arundel, Anthony (2001): The relative effectiveness of patents and secrecy for appropriation.
[2] Anmerkung: MicroSD bis 128GB

neuesten Erkenntnissen von diesem Programm abraten[3]. (Lindemann et al., 2012, S. 93) Es empfiehlt sich hier zum Beispiel das Programm BitLocker von Microsoft, welches fester Bestandteil ab Windows Vista ist. (Steffan, Poller, Trukenmüller, Stotz & Türpe, S. 9) Die Maßnahme greift sowohl bei Diebstahl als auch bei Verlust, da man ohne Passwort nichts mit den Daten anfangen kann.

Gesetze und gesetzliche Regelungen

Wissensbeschaffung	Wissensweitergabe	Wissensversiegung

Grundsätzlich gibt es gesetzliche Regelungen gegen den Abfluss von Wissen in einem Unternehmen. (Ensthaler, 2013, S. 115–116) Diese sind jedoch von Land zu Land verschieden und eine detaillierte Auflistung und Behandlung ist nicht Thema dieser Arbeit. Daher wird oberflächlich darauf eingegangen und erklärt, was diese Maßnahme im Groben umfasst.

Juristisch gesehen sind jene Informationen geschützt, welche nicht offenkundig, gerade einem Geheimnisträger zugeordnet, potentiell wertvoll sind und der Geheimnisträger ein Unternehmen ist und die Informationen einen Bezug zur Tätigkeit des Unternehmens aufweisen. Dadurch wird dafür gesorgt, dass das Geheimwissen eines Unternehmens nicht unkontrolliert abfließt. Jedoch muss auch gesagt werden, dass nicht jeder Abfluss unrechtmäßig ist. Als Beispiel kann man hier das sogenannte *Reverse Engineering* nennen, wo zum Beispiel technische Geräte nach deren Erscheinen am Markt zerlegt und untersucht werden um an das Wissen zu kommen, wie diese erstellt wurden. (Ensthaler, 2013, S. 115–117)

Zugangs- und Zugriffsberechtigungen

Wissensbeschaffung	Wissensweitergabe	Wissensversiegung

Für den Zugriff auf elektronisches Wissen kann ein rollenbasiertes Berechtigungssystem zum Schutz vor unerlaubten Zugriff verwendet werden. Die Mitarbeiter eines Unternehmens bekommen Rollen zugewiesen, mit denen der Zugriff geregelt wird, auf andere Dateien haben sie keinen Zugriff. (Lindemann et al., 2012, S. 93; Manhart & Thalmann, 2014, S. 9) Grundsätzlich sollten keine externen Personen Zutritt zu sensiblen Bereichen eines Unternehmens haben. (Lindemann et al., 2012, S. 99) Des Weiteren kann protokolliert werden, welcher Mitarbeiter welche Dateien im System benutzt, geändert oder kopiert hat. Dies hat vor allem einen präventiven Effekt, wenn diese Maßnahme im Unternehmen kommuniziert wird. (Lindemann et al., 2012, S. 89) In manchen Fällen kann diese Maßnahme aber das Vertrauen der Mitarbeiter stören und teilweise einen negativen Effekt auf das Betriebsklima haben, weil sich die Mitarbeiter kontrolliert fühlen. (Olander, Hurmelinna-Laukkanen & Heilmann Pia, 2011, S. 7)

---

[3] Auf der TrueCrypt Homepage wird auf Sicherheitslücken hingewiesen und Windows BitLocker empfohlen

Lieferantenaudits

Wissensbeschaffung	Wissensweitergabe	Wissensversiegung

Bei Lieferanten muss vor allem deren Loyalität geprüft werden. Bei solchen Lieferantenaudits werden Lieferanten überprüft und evaluiert, ob die Vorgaben eingehalten werden können. Eine Wiederholung sowie unangekündigte Audits sind vertraglich festzulegen, um eine Kontrollwirkung zu erreichen. (Abele, Kuske & Lang, 2011, S. 63–64)

Einstellungsprozess

Wissensbeschaffung	Wissensweitergabe	Wissensversiegung

Der Einstellungsprozess erlaubt dem Unternehmen, schon vor dem Arbeitsstart zu evaluieren, ob ein Mitarbeiter vertrauensvoll und verantwortungsbewusst ist. Gut gebildete Menschen sind in der Regel verantwortungsbewusster. Auch wird dieses Verantwortungsbewusstsein mit Verträgen unterstrichen und dem Mitarbeiter deutlich gemacht. (Olander et al., 2011, S. 7) Des Weiteren beginnt die Prävention schon vor der Einstellung im Unternehmen, angefangen mit einem Hintergrundcheck, welcher die eventuelle kriminelle Vergangenheit eines Mitarbeiters offen legt, über Bestätigungen von dessen Bildung und den vorangegangenen Arbeitgebern mit den Gründen seines Ausscheidens aus dem alten Unternehmen. Auch ist ein Bonitätscheck, mit Einverständnis des Mitarbeiters, eine Möglichkeit, etwaige Geldprobleme aufzudecken. (Schaefer, 2012)

Mitarbeiterüberwachung

Wissensbeschaffung	Wissensweitergabe	Wissensversiegung

Was sehr nach Big Brother[4] klingt, ist ein weiteres Mittel um Mitarbeiter an der Wissensweitergabe zu hindern bzw. eine solche frühzeitig zu erkennen. Hierzu kann man Teilgebiete überwachen oder auch das gesamte Tun eines Mitarbeiters. Je nach Position und Wissenskontakt kann unterschieden werden, wie weit diese Maßnahme greift, angefangen von der Kontrolle des Email- und Telefonverkehrs, über die Aufzeichnung der Eintritts- und Austrittszeiten am Unternehmensgelände bis hin zur totalen Überwachung, wobei Letztere am schwierigsten umzusetzen ist. Auch kann festgelegt werden, dass ein Mitarbeiter berichten muss, wenn er zu anderen Unternehmen Kontakt, in welcher Weise auch immer, hat. Grundsätzlich sind Mitarbeiter, die verpflichtet sind, an einem bestimmten örtlichen Arbeitsplatz zu arbeiten, leichter zu überwachen. (Lindemann et al., 2012, S. 94; Olander et al., 2011, S. 7)

---

[4] Internationale Reality-TV Show

Ausbildung und Training

Wissensbeschaffung	Wissensweitergabe	Wissensversiegung

Eine weitere Schutzmaßnahme im HR Bereich befasst sich mit Training, Aus- und Weiterbildung. Das Ziel ist es, das Bewusstsein der Mitarbeiter zum Wissensschutz zu stärken. Wenn die Anforderungen klar sind, wissen Mitarbeiter, wie sie zu handeln haben, und es kann sich ein Gleichgewicht zwischen Wissensschutz und Wissensweitergabe einstellen. Des Weiteren wissen sie, welches Wissen unter keinen Umständen das Unternehmen verlassen darf. Mitarbeiter müssen die Regeln kennen, wenn sie mit vertraulichem Wissen arbeiten. (Olander et al., 2011, S. 7)

Job Rotation

Wissensbeschaffung	Wissensweitergabe	Wissensversiegung

Ein systematischer Arbeitsplatzwechsel trägt dazu bei, dass die Verbreitung von implizitem Wissen in einem Unternehmen gefördert wird. (Olander et al., 2011, S. 9–10) Job Rotation beschreibt den regelmäßigen Arbeitsplatzwechsel. So wird erreicht, dass Mitarbeiter einerseits mehrere Bereiche ihres Unternehmens kennenlernen und andererseits aber nicht allzu tiefen Einblick in einen einzelnen Bereich bekommen. (Ortega, 2001, S. 4) Dadurch wird erreicht, dass sich kritisches Wissen langsamer oder gar nicht beim Mitarbeiter aufbaut.

Mitarbeiterbindung

Wissensbeschaffung	Wissensweitergabe	Wissensversiegung

Bei der Bindung von Mitarbeitern spielt Engagement eine große Rolle. Engagierte Mitarbeiter arbeiten produktiver, sind mit ihrer Arbeit zufrieden und, am wichtigsten, bleiben im Unternehmen. Das wiederum mindert und verhindert den Abfluss von wichtigem Unternehmenswissen. (Olander et al., 2011, S. 9)

Anreizsysteme

Wissensbeschaffung	Wissensweitergabe	Wissensversiegung

Anreizsysteme sollen die Motivation von Mitarbeitern erhöhen. Mitarbeiter werden durch verschiedene Systeme wie Vergütungen, Ermäßigungen bis hin zu Finanz- oder Sachleistungen an das Unternehmen gebunden und dadurch auch deren Wissen. Hinzu kommt, dass motivierte Mitarbeiter in der Regel bessere Arbeit leisten. Des Weiteren spielt auch die Wertschätzung der Mitarbeiter eine Rolle. Sie dient ebenfalls dazu, die Mitarbeiter an das Unternehmen zu binden. Wichtig ist, dass sich diese Wertschätzung am Verhalten des Mitarbeiters orientiert. Eine Wertschätzung kann einem loyalen Mitarbeiter wichtiger sein als Kompensation etwa durch finanzielle Anreize. Dies führt wiederum zu besserer Leistung eines Mitarbeiters, sowie der gewollten Bindung an das Unternehmen und dem damit verbundenen Schutz von Wissensabfluss. (Olander et al., 2011, S. 8–9)

Talent Management

Wissensbeschaffung	Wissensweitergabe	Wissensversiegung

Ritz und Thom definieren in ihrem Buch Talent Management als „jene Organisationskonzepte und -Maßnahmen, die sich gezielt mit der Gewinnung, Erhaltung und Entwicklung von gegenwärtigen oder zukünftigen Mitarbeitenden auseinandersetzen, welche aufgrund ihrer vergleichsweise knappen, stark nachgefragten und für die Organisation zentralen Schlüsselkompetenzen als Talente bezeichnet werden" (Ritz & Thom, 2011, S. 235).

Für den Wissensschutz kann gesagt werden, dass Talent Management die langfristige Bindung eines guten Mitarbeiters an das Unternehmen behandelt. Einer Umfrage des Fraunhofer Instituts zufolge finden rund 83% der befragten Unternehmen Talent Management ein wirkungsvolles Instrument zum Erhalt von Wissen und Kompetenz. (Schnalzer, Schletz, Bienzeisler & Raupach, 2012, S. 40)

Interne Kommunikation

Wissensbeschaffung	Wissensweitergabe	Wissensversiegung

Durch eine starke unternehmensinterne Kommunikation wird Wissen zwischen Kollegen verteilt. Das stärkt nicht nur den internen Zusammenhalt, sondern verhindert auch, dass einzelne Mitarbeiter Wissen aufbauen und somit zu Key Employees werden. (Olander et al., 2011, S. 9) Verlässt ein Key Employee das Unternehmen, geht auch eine große Menge an Wissen damit verloren. Dieser Umstand kann, je nach Größe des Unternehmens, gefährlich werden, da dieses Wissen meist unwiederbringlich ist.

Generationenübergreifende Erfahrungsdialoge

Wissensbeschaffung	Wissensweitergabe	Wissensversiegung

Kurzfristiges Ausscheiden von Mitarbeitern kann ein Problem darstellen. Da ist es umso wichtiger, auch in kurzer Zeit, dass der betroffene Mitarbeiter sein Wissen an seinen Nachfolger weitergibt. Hier geht es hauptsächlich um Erfahrungswissen. Mit Erfahrungsdialogen kann identifiziert werden, was der scheidende Mitarbeiter weiß und folglich kann sein Netzwerk bewahrt werden. Dessen Nachfolger erhält somit zum Beispiel Informationen über den Kontakt zu Kunden oder anderen Geschäftspartnern. (Schnalzer et al., 2012, S. 37)

Orientierte Karriereplanung und soziale Faktoren

Wissensbeschaffung	Wissensweitergabe	Wissensversiegung

Eine orientierte Karriereplanung kann in den meisten Fällen die Loyalität eines Mitarbeiters zum Unternehmen stärken. Wird die Karriere eines Mitarbeiters von diesem subjektiv gut bewertet, führt dieses, aufgrund von intrinsischer Motivation, außerdem zu mehr Kompetenz. Und mehr Kompetenz eröffnet neue Karriere Möglichkeiten. (Olander et al., 2011, S. 9)

Es darf hier nicht nur der Arbeitsbereich betrachtet werden, sondern auch das familiäre Umfeld. Hier gilt es, dieses in das Unternehmen sozial einzubinden. (Lindemann et al., 2012, S. 89) Der Mitarbeiter wird somit an das Unternehmen gebunden und sein Wissen bleibt bewahrt.

Wissen in Datenbanken halten (Web 2.0 Systeme, Wissensdatenbanken)

Wissensbeschaffung	Wissensweitergabe	Wissensversiegung

Eine weitere Möglichkeit, Wissen im Unternehmen zu halten, ist die Erstellung und der Aufbau einer Wissensdatenbank. Hier geht es um explizites Wissen, welches, wie beschrieben, aufgezeichnet werden kann. (Olander et al., 2011, S. 9) Neben Wissensdatenbanken gibt es noch Web 2.0 Systeme wie zum Beispiel ein Wikimedia System[5] (kurz: Wiki System). Wiki Systeme werden immer beliebter. Das Fraunhofer Institut für Arbeitswirtschaft und Organisation IAO hat in einer Untersuchung gezeigt, dass 2005 Web 2.0 Systeme im Allgemeinen großteils unbekannt waren. 2011, in einer weiteren Untersuchung, verwendeten bereits „43 Prozent der IT-Unternehmen diese Instrumente zum Erhalt von Wissen und Kompetenzen" (Schnalzer et al., 2012, S. 43).

Wiki Systeme eignen sich hervorragend zur Organisation von Wissen, da sie neben einer recht einfachen Handhabung eine Versionisierung integriert haben und dadurch Wissen nicht verloren gehen kann. Jegliche Änderungen und Löschvorgänge sind einsehbar und revidierbar. (wiso.net, S. 1–2) So vorteilhaft diese Systeme sein können, können sie aber auch das Gegenteil bewirken. Hoch sensibles Wissen sollte nicht allen Mitarbeitern zugänglich sein. Solch Wissen sollte auf mehrere Mitarbeiter verteilt werden und dadurch größtenteils nur als Gesamtheit funktionieren. (Lindemann et al., 2012, S. 95)

---

[5] Anmerkung: das bekannteste Wikimedia System ist Wikipedia;

4. Schadensfälle aus der Literatur

Im folgenden Kapitel werden nun einzelne Schadensfälle behandelt. Neben einer Beschreibung werden diese auch klassifiziert. Es wird zudem identifiziert, welcher Schadensgrund vorliegt.

4.1.   Fälle von Wissensbeschaffung

Enercon

1994/1995 wurde der deutsche Windkraftanlagenhersteller   Enercon von der NSA ausgekundschaftet, genauer gesagt wurden Daten ausspioniert, mit denen Mitarbeiter der amerikanischen Konkurrenzfirma Kenetech Windpower Zugang zu den Windkraftanlagen von Enercon erhielten. Dort wiederum wurde alles genauestens inspiziert, untersucht und zurück in den USA wurde dann die Erfindung von Kenetech patentiert. Dies ging so weit, dass Enercon in den USA angeklagt und mit einem Importverbot bestraft wurde, auf Grund der vermeintlichen Industriespionage seitens Enercon. (Machatschke; Tsolkas & Wimmer, 2013, S. 22–23)

Um diesen Fall nun zu klassifizieren, muss geklärt werden, was genau vorgefallen ist. Ein externes Unternehmen, in diesem Fall ein Unternehmen zusammen mit einer ausländischen Behörde, spioniert bei Enercon Daten aus. Mit Hilfe dieser Daten konnten sie somit in eine Windkraftanlage eindringen und dort in aller Ruhe die Anlage inspizieren und somit an das Wissen gelangen, diese Anlage selbst zu bauen. Dieser Fall ist somit eindeutig als Wissensbeschaffung zu klassifizieren. Ein externes Unternehmen dringt ein und beschafft sich internes, wettbewerbsrelevantes Wissen.

Faserbeton-Elemente GmbH

Bei einer Werksbesichtigung 2008 der Firma Faserbeton-Elemente GmbH in Kolbermoor fiel einem Mitarbeiter auf, dass ein Gast aus China eine Minikamera am Gürtel befestigt hatte. Fotografieren wurde jedoch im Vorfeld ausdrücklich untersagt. Nach dem Rundgang und der Besichtigung des Materials auf der Kamera war klar, der chinesische Geschäftsmann hatte versucht, wettbewerbsrelevantes Wissen aus dem Unternehmen zu stehlen. Natürlich wurden ihm die Aufnahmen abgenommen, er kam jedoch glimpflich durch eine Entschädigungszahlung von 80.000 Euro davon. Der Schaden wäre jedoch enorm gewesen, baute die Firma zu dieser Zeit unter anderem die Betonplatten für das WM Stadion in Johannesburg. (Havranek, 2010, S. 195–199; Stelzer, 2014; Tsolkas & Wimmer, 2013, S. 28)

Hierbei handelt es sich wiederum um Wissensbeschaffung. Ein Mitarbeiter eines externen Unternehmens versucht auf ziemlich dreiste Weise an Wissen zu gelangen.

TomorrowNow

2005 übernimmt die deutsche Softwarefirma SAP die Firma TomorrowNow, welche sich um Supportdienstleistungen der Firma Oracle kümmerte. TomorrowNow hatte eine große Zahl an Unterlagen und Software von Oracle mit Hilfe von Kunden Login Daten aus dem Supportbereich von Oracle heruntergeladen. Oracle klagt TomorrowNow und SAP an und wirft den beiden Unternehmen Spionage vor. Nach einem längeren Gerichtsstreit haben sich SAP und Oracle letztendlich außergerichtlich geeinigt. SAP zahlt 306 Millionen US-Dollar Schadensersatz. (golem.de, 2012; Havranek, 2010, S. 191–194)

Auch wenn es auf den ersten Blick nach Wissensweitergabe aussieht, ist dieser Fall doch unter Wissensbeschaffung einzuordnen. Es sei dahin gestellt, ob SAP den Auftrag zur Beschaffung gestellt hat oder nicht. Fakt ist, dass TomorrowNow sich, nach Aussagen seitens Oracle unrechtmäßig Wissen beschafft hat und somit ist der Fall eindeutig als Wissensbeschaffung einzustufen.

Chinesische Putzfrauen bei SAP

2008 schleusen sich chinesische Informatikerinnen, getarnt als Putzfrauen, in ein Büro der Softwarefirma SAP ein. Via Wlan und einer Antenne im Teich am SAP Gelände schaffen sie wichtige Programmcodes aus dem Gebäude. Es handelt sich um ein SAP Modul zur Verwaltung von Krankenhäusern. Für SAP bedeutet es einen hohen Verlust, da in kürzester Zeit ein chinesischer Mitbewerber am Markt auftritt und deutlich billiger anbietet. Es handelt sich hierbei um Wissensbeschaffung. Ein externes, chinesisches Unternehmen schickt seine Spezialisten zum Spionieren. (Tsolkas & Wimmer, 2013, S. 21)

Chinesin spioniert bei Valeo

2005 wird eine junge Chinesin verhaftet. Ihr wird vorgeworfen beim französischen Autozulieferer Valeo spioniert zu haben. Einem ihrer Kollegen fällt auf, dass sie deutlich mehr Zeit, als für ihre Arbeit benötigt wird, im Büro verbringt. Auch wenn sie alle Anschuldigen von sich weist, werden bei Hausdurchsuchungen sechs Computer und zwei Festplatten gefunden, auf diesen Datenträgern befinden sich etliche geheime Dateien von Valeo. (Tsolkas & Wimmer, 2013, S. 24)

Auch hier wurde wieder eine Mitarbeiterin einer ausländischen Firma zur Wissensbeschaffung eingeschleust. Daher handelt es sich abermals um Wissensbeschaffung.

Siemens: China Transrapid

China gelangt an die Baupläne der Transrapid Eisenbahn. Zuerst wurde in den Medien dargestellt, China hätte Siemens ausspioniert. Jedoch war es ein interner Fehler bei Siemens in der Administration, welcher zum Wissensabfluss führte. Die Chinesen wollten immer die aktuellste Version des Handbuches haben, daher richtete Siemens einen Zugang zu seinem Intranet ein. Durch einen Fehler wurde aber nicht nur der Zugang zum Handbuch freigeschalten, sondern auch die detaillierten Pläne der Bauteile waren online zugänglich. Die Eisenbahn konnte damit direkt von China gebaut werden, ohne die Hilfe von Siemens, dementsprechend hoch war ist der Schaden. (Tsolkas & Wimmer, 2013, S. 30)

Man sieht, es ist nicht immer eine illegale Aktivität im Spiel. Wie in diesem Fall ist es schlicht ein Fehler seitens Siemens, der zu diesem ungewollten Wissensabfluss führte. Die Chinesen haben keine Aktion zur Wissensbeschaffung gesetzt, nur durch den Fehler von Siemens gelangten sie zu dem Wissen. Daher ist dies ein Fall von Wissensweitergabe, wenn auch unbeabsichtigt.

Nortel

Im Jahr 2000 wurde die Firma Nortel, ein Telekomausrüster, von chinesischen Hackern gehackt und seitdem ausspioniert. 2004 wurde dies das erste Mal bekannt. Zugang verschafften sich die Hacker mittels Passwörtern von sieben Topmanagern. Laut eigenen Angaben hatten die Hacker Zugang zu allen Bereichen, sie konnten sich nehmen, was sie wollten. Nortel unternahm nicht viel gegen die Eindringlinge: Die Passwörter wurden geändert, weiter nichts. Nach einem Bericht im Jahre 2009 befanden sich die Chinesen aber immer noch im System. Im selben Jahr ging die Firma jedoch aufgrund der Wirtschaftskrise in Konkurs und wurde verkauft wahrscheinlich inklusive der eingeschleusten Schadsoftware. (Kremp, 2012a)

Hier handelt es sich wiederum um Wissensbeschaffung. Chinesische Hacker verschaffen sich durch die Passwörter Zugang zum Netzwerk und haben mehr als genug Zeit, vier Jahre, um sich auszubreiten und das System zu infiltrieren. Umso erstaunlicher ist die Tatsache, dass lediglich die Passwörter geändert und keine weiteren Maßnahmen ergriffen wurden.

Speicherkarten aus Fernwärmekraftwerk gestohlen

Im Mai 2014 verschwinden vier Speicherkarten aus einem Fernwärmekraftwerk. Dass es sich um keinen materiellen Diebstahl handelt, wird schnell klar, es werden vier Speicherkarten entwendet, aber der Schaden ist mit bis zu 50.000 Euro beziffert. Hinzu kommt, dass ein normaler Nutzer mit dem Inhalt dieser Speicherkarten nichts anfangen kann. Daher liegt Industriespionage als Motiv nahe. (heute.at, 2014)

Dieser Fall ist eindeutig als Wissensbeschaffung zu klassifizieren. Einbruch und Diebstahl, und das zudem noch sehr gezielt. Scheinbar wussten die Täter, was sie wo suchen müssen.

Dyson und Bosch

2012 verklagt das britische Unternehmen Dyson den Technologiekonzern Bosch. Der Vorwurf lautet, Bosch hätte einen Ingenieur bei Dyson eingeschleust, welcher 2 Jahre lang spionierte.

Bosch reagierte nichtwissend auf die Vorwürfe und argumentierte, der betroffene Bosch Mitarbeiter hätte in einer Abteilung für Gartengeräte gearbeitet, also in einem anderen Bereich als jener, in dem er bei Dyson tätig war. (Diekmann, 2012)

Schenkt man den Anschuldigungen von Dyson Glauben, handelt es sich um Wissensbeschaffung. Da es aber denkbar ist, dass Bosch an den Innovationen des Konkurrenten Dyson interessiert ist, wurde diese vermeintliche Industriespionage auch in die Liste der Schadensfälle mitaufgenommen.

DuPont Pioneer und Monsanto

Ende 2013 werden ein Chinese und fünf seiner Gefolgsleute beschuldigt, bei den Konzernen Monsanto und DuPont Pioneer spioniert zu haben. Diese Behauptung stützt sich auf der Tatsache, dass der Anführer der Gruppe kniend in einem frisch gesäten Feld von DuPont Pioneer aufgefunden wurde. Zusätzlich wurden in einem vom FBI präparierten Mietwagen belastende Gespräche der Beschuldigten aufgenommen und beim Versuch des Anführers der Ausreise aus den USA wurden Maissamen in seinem Gepäck gefunden. Erschwerend kommt hinzu, dass er selber Chef der kanadischen Saatgutfirma Kings Nower Seed war, welche zu einem chinesischen Konzern gehörte. Der Staatsanwalt schätzte den dadurch entstandenen Schaden auf 30-40 Millionen Dollar. (Böcking, 2013)

Hier liegt wieder ein Fall von Wissensbeschaffung vor, dieses Mal durch den Auftraggeber selber. Wäre der Diebstahl nicht aufgefallen, hätte das Konkurrenzunternehmen ohne sonderlich großen Forschungsaufwand das Produkt reproduzieren und günstiger auf den Markt bringen können.

BMW: Car Sharing

2013 soll sich die Beratungs- und Ingenieursgesellschaft P3 Zugang zu Ladesäulen für Elektroautos der französischen Car Sharing Firma Autolib' verschafft haben. Im Auftrag von BMW sollen P3 Mitarbeiter Zugang zu Wissen über die Technik der Elektroautos und Ladestationen erlangt haben. Natürlich wurde der Vorwurf von P3 dementiert und klargestellt, dass im Auftrag von BMW lediglich überprüft wurde, ob die Ladesäulen mit dem Elektroauto von BMW (i3) kompatibel seien. Ob tatsächlich eine Spionage stattgefunden hat, ist nicht bekannt. Dies könnte aber durchaus nahe liegen, da Autolib's Autos als Vorzeigeprojekt in der Elektromobilität gelten. Deren Autos haben mit 250 Kilometern eine hohe Reichweite.[6] (Spiegel Online, 2013) Sollte wirklich eine Industriespionage stattgefunden haben, fällt diese eindeutig unter Wissensbeschaffung.

---

[6] Zum Vergleich: BMW i3 Reichweite 190 km (Praxisnah bis 160km) http://www.bmw.de/de/neufahrzeuge/bmw-i/i3/2013/techdata.html

Ovotherm: Prokurist verkauft Wissen

2009 war ein Rekordjahr für den österreichischen Eierschachtel Hersteller Ovotherm. Doch im Jahr darauf erfährt das Unternehmen hohe Umsatzrückgänge und zusätzlich kündigt unerwartet ein top bezahlter Prokurist. Einige Zeit später, durch den Fund von belastenden Dokumenten in einem Auto, kommt ans Licht, der Prokurist habe Kundenaufträge direkt an die Herstellungsfirma verkauft. Er wurde sogar nach seiner Kündigung auch dort angestellt. (Kurier.at, 2013)

Dieser Fall ist recht schwer einzuordnen, da nicht genau bekannt ist, wer der Drahtzieher war. Da im Artikel die Rede davon ist, dass die Herstellungsfirma auch am Erfolg teilhaben wollte, liegt nahe, dass diese der Auslöser ist. Wenn dem so ist, handelt es sich hier um Wissensbeschaffung, da der Prokurist wahrscheinlich angeheuert wurde.

4.2.   Fälle für Wissensweitergabe

VW - Lopez

1993 wechselt der ehemalige General Motors (GM) Einkaufschef José López zu VW. Es folgen ihm zudem sieben seiner Mitarbeiter. Opel, GM Tochter, klagt López wegen Geheimnisverrats. Es werden relevante Dokumente sowohl bei VW als auch in der Wohnung von López gefunden. Die Klage geht durch und VW muss einen Schadensersatz von 100 Millionen Dollar zahlen. Zudem verpflichtet sich VW, Ersatzteile im Wert von einer Milliarde Dollar bei GM zu kaufen. Die Anklage in Deutschland gegen López wird fallen gelassen. (Havranek, 2010, S. 168–170; Spiegel Online, 2000; Tsolkas & Wimmer, 2013, S. 22)

Ein oder mehrere Mitarbeiter wechseln das Unternehmen und nehmen wettbewerbsrelevantes Wissen gleich mit. Auch wenn VW López wahrscheinlich deswegen eingestellt hat, um durch ihn an Wissen zu kommen, ist der Schaden letztendlich eindeutig durch Mitarbeiterwechsel entstanden. Folglich lässt sich dieser Fall unter Wissensweitergabe einordnen.

VW: Kameras am Testgelände

1996 berichtet die Berliner Zeitung von einem Fall am VW Testgelände. Dort wurde nach langer Suche eine in einem Erdhügel eingegrabene Infrarotkamera gefunden. Diese machte Bilder von vorbeifahrenden Autos und sendete diese via Satellit an eine unbekannte, chinesische Adresse. Es wurde vermutet, Mitarbeiter des Testgeländes hätten die Bilder, welche unter anderem in Zeitschriften auftauchten, mit Minikameras gemacht, in diese Richtung wurde aber nichts gefunden. Der Schaden war nach Aussagen VWs beträchtlich, wenn auch nicht näher beziffert kostet doch die Entwicklung eines Autos einen dreistelligen Millionenbetrag, allein das Design macht 30% dieses Betrags aus. (Berliner Zeitung, 1996; Tsolkas & Wimmer, 2013, S. 23)

In diesem Fall gestaltet sich eine Klassifizierung nicht so einfach. Da nicht genügend über diesen Fall aufgeklärt wurde, können es zwei Szenarien sein. Entweder bringt ein Mitarbeiter des VW Testgeländes die Kamera im Testgelände an und verkauft somit das Wissen über das Design neuer Autos. In diesem Fall würde es sich um Wissensweitergabe handeln. Alternativ hat sich eine externe Person Zugang zum Testgelände verschafft und die Kamera installiert. In diesem Fall würde es sich um Wissensbeschaffung handeln.

Ferrari

2003 wechseln zwei Ingenieure des Ferrari Formel 1 Rennstalls zu Toyota und nehmen ihr Wissen mit. Nach kurzer Zeit reicht Ferrari in Modena Klage ein: die Autos der beiden Rennställe seien zu ähnlich. Die Mitarbeiter werden zu Haftstrafen über 16 bzw. 9 Monaten verurteilt. Vom Vorwurf, illegal in das Computersystem eingedrungen zu sein, werden sie entlastet. Die Ingenieure haben sich nicht illegal in das Computersystem von Ferrari gehackt, sondern verfügten lediglich über Wissen, welches in dieser Branche üblich sei. (Havranek, 2010, S. 166–167; Spiegel Online, 2007) Daher kann dieser Fall als Wissensweitergabe klassifiziert werden.

Hilton

2009 verklagt die Starwood Gruppe (Sheraton Hotels) die Hilton Gruppe. Zwei ihrer ehemaligen und jetzt bei Hilton angestellten Mitarbeiter hätten Unterlagen über ein neues Hotelkonzept mitgenommen. Es wird berichtet, dass die beiden Mitarbeiter neben Emails kistenweise Unterlagen wie zum Beispiel Schulungsunterlagen, Verhandlungstaktiken und, Gegenstand der Klage, Unterlagen über den Aufbau einer neuen Hotelkette mitgenommen hätten. Der Streit wurde in einem außergerichtlichen Vergleich beigelegt. (Havranek, 2010, S. 184–190) Es ist nicht ganz klar, ob die beiden Mitarbeiter auf eigene Faust gehandelt haben oder sie von Hilton dazu angestiftet wurden. Das Hauptaugenmerk liegt auf dem Unternehmenswechsel und der Mitnahme der Unterlagen und somit lässt sich dieser Fall als Wissensweitergabe klassifizieren.

Coca Cola: Mitarbeiter wollen Geheimwissen verkaufen

2006 versuchten drei Coca Cola Mitarbeiter geheime Dokumente und Produktproben an den Konkurrenten PepsiCo zu verkaufen. Dies meldet jedoch PepsiCo umgehend an Coca Cola zurück, welches wiederum das FBI einschaltet. Nach einem fingierten Kauf der Unterlagen werden die drei Mitarbeiter festgenommen. (stern.de, 2006)

Dies ist ein klassischer Fall von Wissensweitergabe. Ein Mitarbeiter verkauft in der Erwartung auf Geld Unternehmensgeheimnisse an die Konkurrenz.

Goldman Sachs

2009 wird bekannt, dass ein Ex-Mitarbeiter einer der größten Wallstreet Banken, Goldman Sachs, einen Code HFT gestohlen haben soll. Diesen Code, mit dem Wertpapiere auf dem Aktienmarkt vollautomatisch gehandelt werden, soll der beschuldigte Russe mit amerikanischem Pass vor seinem Austritt aus dem Unternehmen auf seinen privaten PC geladen haben. Auch wenn bis jetzt von keinem Schaden berichtet wurde, kann der Verlust dieses Codes zu Verlusten in Millionenhöhe auf Seiten von Goldman Sachs führen. (Havranek, 2010, S. 177–183; Springer, 2009)

Hier sieht man wiederum, wie leicht es gehen kann, wenn Mitarbeiter Zugang zu sensiblen Daten haben. Dieser unter Wissensweitergabe einzuordnende Fall ist ein gutes Beispiel dafür, auch wenn bis jetzt noch nicht bekannt wurde, ob dieser Code wo anders aufgetaucht ist bzw. von einer anderen Bank verwendet wird.

Foxconn: Ipad2

Wie bei jedem Apple Release wird auch der vom iPad2 sehnlichst erwartet. So kommt es 2011, dass ein Spionagefall bei Apple Zulieferer Foxconn bekannt wird. Ein Apple Zubehörhersteller zahlt einem Foxconn Mitarbeiter 2000 Euro für Bilder vom neuen iPad, welches zu dieser Zeit noch nicht einmal angekündigt worden war. Dieser angeheuerte Mitarbeiter bezahlt wiederum einen weiteren Mitarbeiter um Fotos zu machen. Der Auftraggeber dieser illegalen Aktivität, sowie die beiden Foxconn Mitarbeiter werden zu Haftstrafen und Strafzahlungen verurteilt.(Spiegel Online, 2011)

Hier ist deutlich erkennbar, dass durch einen finanziellen Anreiz ein bzw. zwei Mitarbeiter zu einer illegalen Aktion getrieben wurden. Auch wenn diese von einem externen Unternehmen ausgelöst wurde, verkauften Foxconn Mitarbeiter das Wissen weiter, und somit fällt dieser Fall unter Wissensweitergabe.

4.3.   Fälle von Wissensversiegung

Fälle von Wissensversiegung lassen sich nicht sehr leicht finden. Das Thema wird zwar in der Literatur in Form von Beschreibung und Maßnahmen erwähnt und behandelt, jedoch gibt es dazu keine relevanten Artikel, welche konkrete Fälle behandeln. Jennex (2009, S. 3,5) beschreibt Krankheit als vorübergehenden und Tod als permanenten Wissensverlust. Durst und Wilhelm (2011, S. 26) beschreiben den Wissensverlust durch Unfälle, Krankheit oder Tod als sehr ernstes Problem, vor allem für kleinere und mittlere Unternehmen, da diese die Abwesenheit der betroffenen Mitarbeiter nicht substituieren können. Auch die Pensionierung eines Mitarbeiters spielt in der Literatur eine Rolle. (Trojan, 2006, S. 4) Mitunter ist es ein sehr sensibles Thema, über welches nicht in den Medien berichtet wird, andererseits wird dieser Abfluss in Unternehmen wahrscheinlich nicht genügend wahrgenommen und somit nicht als dieser erkannt.

Für diese Arbeit lassen sich keine konkreten Fälle finden, jedoch wurde die Art und Weise sowie die Relevanz der Wissensversiegung anhand der Literatur deutlich gemacht.

4.4. Diskussion

Stellt man nun die Schutzmaßnahmen und die Schadensfälle gegenüber, kann man sehen, wie einfach zum Teil der Wissensabfluss hätte verhindert werden können. Es wird wieder anhand der Klassifizierungen vorgegangen. Bei ein paar wenigen Fällen werden Maßnahmen vorgeschlagen, die oben nicht besprochen wurden. Das hat den Grund, dass dies Standardmaßnahmen sind und keine näheren Erklärungen benötigten.

Enercon
Vorgeschlagene Maßnahmen: (Mitarbeiter) Überwachung, Zugangs- und Zugriffsberechtigungen, Patente

Zu Anfang gleich einer der schwierigeren Fälle: Enercon. Wie hätte dieser Wissensverlust verhindert werden können? Schwierig zu sagen, hatte die NSA ja Zugangsdaten ausspioniert und somit konnte jede Alarmanlage und jedes anderes Sicherheitssystem ausgeschalten werden. Man hätte eine System zur Dokumentation der Zugänge einsetzen können oder auch Überwachungskameras. Mit den Bildern von letzteren hätte Enercon wahrscheinlich auch den Prozess in den USA gewonnen. Auch außerplanmäßige Zugänge zu den Anlagen sollten so behandelt werden, dass sie die Zentrale benachrichtigen, da ein Windpark nicht täglich inspiziert wird. Um dem Ganzen aber vorzubeugen, hätte die Anmeldung eines Patents in den USA gereicht.

Faserbeton-Elemente GmbH
Vorgeschlagene Maßnahmen: genaue Kontrollen (Taschenkontrolle, Abtasten)

Schaut man sich nun den Fall der Faserbeton-Elemente GmbH an, konnte dieser womöglich gravierende Wissensabfluss gerade noch verhindert werden. Hätten die Sicherheitsvorkehrungen für Besucher genaue Kontrollen vorgeschrieben, wäre die Mini Kamera womöglich schon vor dem Rundgang entdeckt worden.

Tomorrow Now
Vorgeschlagene Maßnahmen: Mitarbeiterüberwachung, Zugangs- und Zugriffskontrollen

Schwierig zu behandeln ist der Fall der ehemaligen SAP Tochter TomorrowNow. Ob SAP für diesen Zugriff auf den Supportbereich von ORACLE verantwortlich ist, ist nicht ersichtlich. In diesem Fall ist es auch schwer Schutzmaßnahmen zu finden, da TomorrowNow zu dieser Zeit auch Kunden von ORACLE betreute und daher legalen Zugriff hatte. Am ehesten hätte die Mitarbeiterüberwachung in Verbindung mit Zugriffsberechtigungen geholfen, nicht die Überwachung der Mitarbeiter von TomorrowNow, sondern die Überwachung von TomorrowNow durch ORACLE. Werden zu große oder ungewöhnliche Mengen vom Portal heruntergeladen, schlägt das System Alarm. Ein Indiz, dass SAP womöglich doch zumindest eine Teilschuld an den Vorgängen hat, ist die Behauptung seitens ORACLE, das Topmanagement hätte nachweislich davon gewusst. (Havranek, 2010, S. 191) Auch hat SAP außergerichtlich 306 Millionen US Dollar an ORACLE gezahlt. (golem.de, 2012) Dies ist zwar kein Schuldeingeständnis, jedoch liegt es nahe.

Chinesische Putzfrauen bei SAP
Vorgeschlagene Maßnahmen: Einstellungsprozess, Zugang- und Zugriffsberechtigungen

Im zweiten SAP Fall sind es als Putzfrauen getarnte Informatikerinnen, die für den Wissensabfluss verantwortlich sind. Nebenbei bemerkt ist die Vorgehensweise der Spionage gut geplant gewesen, da Putzfirmen in einem Unternehmen einerseits Zugang zu den meisten bzw. allen Räumen haben und andererseits meist auch nach Betriebsende arbeiten. Eine Kombination aus All Access und leeren Büros führte so zum Erfolg. Dieser Fall könnte auf Unachtsamkeit zurückzuführen sein, dass der Einstellung des Putzpersonals keine Beachtung geschenkt wurde oder die Putzarbeiten wurden von einer externen Firma, welche nicht überprüft wurde, vollbracht wurden. Dennoch hätte sich SAP jedoch anschauen müssen, wen sie in ihr Unternehmen lassen. Auch hätten Zugangs- und Zugriffsberechtigungen Wirkung gezeigt.

Chinesin spioniert bei Valeo
Vorgeschlagene Maßnahmen: Einstellungsmaßnahmen, Zugangs- und Zugriffsberechtigungen, Mitarbeiterüberwachung, verschlüsselte Datenträger

Anders machte es die junge Chinesin bei Valeo: In ihrem Job verbringt sie zu viel Zeit vor dem Computer und nur, weil das einem anderen Mitarbeiter, aus welchen Gründen auch immer, auffällt, kommt man ihr auf die Schliche. Hier hätten wahrscheinlich schon Einstellungsmaßnahmen und Zugangs- und Zugriffsberechtigungen gereicht, aber auch eine Mitarbeiterüberwachung hätte wahrscheinlich die Spionage früher ans Licht gebracht. Eine genaue Recherche über die Bewerberin hätte genüge, um sie aus Gründen der Unternehmenssicherheit abzulehnen. Zudem wäre eine Datenträgerüberwachung sinnvoll gewesen, da man so die Verwendung von Datenträgern technisch unterbinden kann.

Siemens: China Transrapid
Vorgeschlagene Maßnahmen: keine konkrete Maßnahme aufgrund der Selbstverschuldung

---

Es muss nicht immer eine illegale Machenschaft sein, damit Wissen von einem ins andere Unternehmen fließt. Im Fall Siemens, beim Bau der chinesischen Transrapid Eisenbahn, war es ein Administrationsfehler, der den Chinesen, welche lediglich das aktuelle Handbuch wollten, vollen Zugriff verschafft hat. Hier ist es schwer, eine passende Maßnahme zu finden, da der Abfluss durch einen Anwendungsfehler geschehen ist. Man hätte vielleicht eine andere IT-Lösung für das Problem finden müssen, als den einfachen Systemzugriff.

Nortel
Vorgeschlagene Maßnahmen: Passwörter regelmäßig ändern, Zugangs- und Zugriffskontrolle

---

Natürlich geht es auch anders, wie im Fall der Firma Nortel. Es wurden keine Maßnahmen gesetzt, um mögliche Spione ausfindig zu machen, und als 2004 bekannt wurde, dass sich Chinesen Zugang zum Computer verschafft hatten, wurde das Problem mit einer Änderung der Passwörter abgetan. Aus diesem Fall kann man ableiten, dass die Passwörter dieser Top Manager mindestens 4 Jahre lang nicht geändert wurden, denn die einmalige Änderung war die einzige von der Firma durchgeführte Maßnahme. Laut Sicherheitsexperten, sollte man alle 3-6 Monate sein Passwort ändern (Kuhnau, 2014). Allein durch diese Maßnahme hätten es die Hacker schon schwerer gehabt. Wenn dann noch dazu intern überwacht wird, wer wann welche Dateien anfordert, wäre dieser Einbruch sicherlich schon früher aufgefallen.

Speicherkarten aus Fernwärmekraftwerk gestohlen
Vorgeschlagene Maßnahmen: Gesetze und rechtliche Regelungen im Nachhinein

---

Was aber tun, wenn einfach eingebrochen wird um zu stehlen. Man kann im Fall der gestohlenen Speicherkarten, wenn überhaupt, nur dem Sicherheitssystem im Kraftwerk einen Vorwurf machen. Die Polizei wird versuchen, die Diebe ausfindig zu machen, dann kann das Kraftwerk rechtliche Schritte einleiten. Was sicherlich verbessert wird, sind die Sicherheitsvorkehrungen, damit dies nicht erneut passieren kann.

Dyson und Bosch
Vorgeschlagene Maßnahmen: Einstellungsprozess, Mitarbeiterüberwachung

---

Dyson wirft Bosch vor, einen Spion eingeschleust zu haben. Hilfreiche Maßnahmen, um entweder den Spion gar nicht erst einzustellen oder sofort zu ertappen, wären einerseits eine genauere Durchleuchtung des Mitarbeiters beim Einstellungsprozess und andererseits eine (komplette) Mitarbeiterüberwachung. Ob wirklich Spionage stattgefunden hat, oder ob Bosch zum Beispiel durch Methoden wie Reverse Engineering an das Wissen gelangt ist, bleibt offen.

DuPont Pioneer und Monsanto
Vorgeschlagene Maßnahmen: Patente

Im Fall Monsanto ist es schwer, passende Maßnahmen zu finden, liegen doch deren Produkte auf hektargroßen Feldern ungeschützt in der Erde. In Amerika und anderen westlichen Staaten sind deren Produkte durch zahlreiche Patente geschützt und somit für Spionage eher ungeeignet. In China jedoch herrschen andere Gesetze, ein amerikanisches Patent hat dort keine Wirkung. Es ist aber nicht ersichtlich, ob DuPont Pioneer oder Monsanto Patente oder ähnliches in China angemeldet haben. Ob ein Konkurrenzprodukt aus China Monsanto Schaden zugefügt hätte, sei dahingestellt.

BMW: Car Sharing
Vorgeschlagene Maßnahmen: Alarmanlage

Auch im Falle der mutmaßlichen Car Sharing Spionage lassen sich schwer Maßnahmen finden, stehen die Ladesäulen von Autolib' öffentlich zugänglich in Paris. Eine ständige Bewachung wäre zu aufwändig, Überwachungskameras haben nur bedingten Effekt, am ehesten wäre eine Alarmanlage erfolgreich, die auf unrechtmäßigen Zugriff aufmerksam macht und die Polizei alarmiert. Es ist nicht erwiesen, ob BMW bzw. P3 spioniert haben, jedoch ist die Tatsache auffällig, dass die P3 Techniker an einem Tag festgenommen wurden, an welchem kein von BMW geplanter Test stattgefunden hat. (Spiegel Online, 2013)

Ovotherm: Prokurist verkauft Wissen
Vorgeschlagene Maßnahmen: Lieferantenaudits, orientierte Karriereplanung, Mitarbeiterüberwachung,

---

Im Fall des Prokuristen, welcher die Kundenaufträge an den Lieferanten des Unternehmens verkauft, hätten sowohl HR Maßnahmen gewirkt, als auch Lieferantenaudits. Es ist nicht erkenntlich, wer die Aktion gesetzt hat, Prokurist oder Lieferant, daher werden beide Seiten betrachtet. Der Prokurist war zwar top bezahlt, wenn es aber dennoch um Geld gegangen ist, dann hätten monetäre Anreizsysteme diesen Abfluss verhindern können. Ansonsten wäre eine gezielte Karriereplanung oder aber auch eine Überwachung der Mitarbeitertätigkeiten eine Möglichkeit gewesen. Wenn der Lieferant für den Wissensabfluss verantwortlich ist, hätten regelmäßige Lieferantenaudits einerseits eine Missstimmung beim Lieferanten aufgezeigt und andererseits wäre wahrscheinlich ersichtlich geworden, dass mehr produziert wird, als

Ovotherm benötigt. Ohne dem zufälligen Fund der belastenden Dokumente wäre dieser Wissensabfluss wahrscheinlich noch viel länger unentdeckt geblieben. (Kurier.at, 2013)

VW- López
Vorgeschlagene Maßnahmen: Geheimhaltungs- und Vertraulichkeitsvereinbarungen, Mitarbeiterüberwachung, orientierte Karriereplanung, Anreizsysteme, Job Rotation

---

Der nächste Schadensfall ist der rund um José López. Ein klassischer Fall, ein Mitarbeiter wechselt zur Konkurrenz, nimmt Kollegen mit und, am schlimmsten, eine ganze Reihe von geheimen Unternehmensunterlagen. Hier hätten zu den höchstwahrscheinlich bereits abgeschlossenen Geheimhaltungs- und Vertraulichkeitsvereinbarungen eine Kombination aus IT Maßnahmen und HR Maßnahmen gewirkt: die IT Maßnahmen, dass einerseits sehr wertvolles Wissen gesammelt bei einem Mitarbeiter liegt und somit, wie in diesem Fall, dessen Abgang sehr gefährlich für das Unternehmen werden kann, andererseits hätten IT-Sicherheitssysteme bei auffälligem Nutzungsverhalten Alarm geschlagen. HR Maßnahmen hätten präventiv gewirkt, sodass es gar nicht erst zum Unternehmenswechsel gekommen wäre. Hierzu zählen die orientierte Karriereplanung und Anreizsysteme. Durch Job Rotation hätte López zwar einen weiten Einblick in das Gesamtsystem erhalten, aber nicht in der Tiefe wie es in diesem Fall war. Das Wissen war zentral an eine Person, López, gebunden.

Kameras am VW Testgelände
Vorgeschlagene Maßnahmen: orientierte Karriereplanung, Anreizsysteme, Talent Management

---

Ähnlich schwierig gestaltete sich auch der nächste Fall: Kameras am VW Testgelände. Die Sicherheitsvorkehrungen hätten eigentlich gereicht. Rund um die Uhr befindet sich Sicherheitspersonal vor Ort und bewacht die Teststrecke. Somit ist es nicht ohne weiteres möglich eine Kamera auf das Gelände zu bringen. Hat ein Mitarbeiter zum Beispiel die Kamera installiert, hätte dessen Anwesenheit keine Aufmerksamkeit erregt. In dem Fall müssen die HR-bezogenen Maßnahmen wie eine orientierte Karriereplanung, Anreizsysteme oder Talent Management heran gezogen werden. Sollte es Szenario 2 gewesen sein, also ein externes Unternehmen, kann man nur den Sicherheitsvorkehrungen einen Vorwurf machen. In diesem Fall würde am ehesten eine Verbesserung des Sicherheitssystems in Frage kommen.

Fälle Ferrari und Hilton
Vorgeschlagene Maßnahmen: Mitarbeiterbindung, Anreizsysteme, orientierte Karriereplanung, Talent Management

---

Sowohl bei Ferrari als auch beim Fall Hilton wechseln zwei Mitarbeiter das Unternehmen. Und nicht nur, dass die Mitarbeiter gewechselt haben, mit ihnen auch eine ganze Reihe geheimes Unternehmenswissen. Bei Mitarbeiterwechseln sollte man sich die Frage stellen, warum ein Mitarbeiter das Unternehmen wechselt, um woanders seine Arbeit zu verrichten. In diesem Fall geht man davon aus, dass die Mitarbeiter von der anderen Firma nicht geködert wurden, durch eine starke Mitarbeiterbindung wäre es wohl gar nicht erst soweit gekommen. Maßnahmen wie Anreizsysteme, orientierte Karriereplanung oder Talent Management hätten in diesen beiden Fällen helfen können. Was aber nicht bedeutet, dass Ferrari und Hilton keine Maßnahmen gesetzt hatten. Oft kann ein Mitarbeiterwechsel auch durch unternehmensexterne Einflüsse begründet sein. (Familie, Wohnort, etc.)

Coca Cola: Mitarbeiter wollen Geheimwissen verkaufen
Vorgeschlagene Maßnahmen: Anreizsysteme, Einstellungsmaßnahmen, Zugangs- und Zugriffskontrollen, Mitarbeiterüberwachung

---

Im Fall von den drei Coca Cola Mitarbeitern, die geheime Dokumente und Produktproben an PepsiCo verkaufen wollten, gibt es zweierlei Ansatzpunkte. Einerseits geht es um den Zugang zu diesen Dingen, andererseits um den Grund der Handlung. Offensichtlich nicht von PepsiCo ausgelöst, haben die drei Mitarbeiter aus reinem Geldgedanken heraus gehandelt. Hier hätten wahrscheinlich Anreizsysteme finanzieller Natur oder eine gründliche Recherche bei der Einstellung das Problem antizipieren können. Die andere Frage, die man sich stellen muss ist, warum sie Zugriff auf so geheimes Material hatten, ohne kontrolliert oder aufgezeichnet zu werden. Hier hätten wahrscheinlich Maßnahmen wie Zugangs- und Zugriffskontrollen oder Mitarbeiterüberwachung geholfen.

Goldman Sachs
Vorgeschlagene Maßnahmen: Mitarbeiterüberwachung

Auch bei der Wallstreet Großbank Goldman Sachs nimmt ein Mitarbeiter Wissen mit. Passende Maßnahmen für diesen Fall lassen sich nur schwer finden, hatte doch der Mitarbeiter den Code selbst erstellt. Nur die Mitarbeiterüberwachung hätte vielleicht dazu geführt, dass die Machenschaft früher bemerkt worden wäre. Goldman Sachs wehrte sich gegen den Diebstahl, indem sie Anzeige erstattete. Nach vorangegangener Verurteilung des Mitarbeiters wurde diese aber vom Obergericht mit dem Argument aufgehoben, dass dieser Code von der Bank nicht zum Verkauf oder der Weitergabe bestimmt war und es daher der Bank keinen Schaden zugefügt hat. Der Mitarbeiter ist somit aus der Haft entlassen worden und es folgten keine weiteren bekannten Konsequenzen. (Kremp, 2012b)

Foxconn: Ipad2
Vorgeschlagene Maßnahmen: Konzept, das über die Schutzmaßnahmen hinaus geht

Beim iPad2 wiederum ist Geld der Auslöser für zwei Mitarbeiter, im eigenen Unternehmen zu stehlen, was nicht besonders verwunderlich ist, war doch Foxconn häufig wegen den miserablen Arbeitsbedingungen in den Nachrichten. (Greiner, 2012) Hier würden ein paar wenige Maßnahmen nicht reichen, sondern müssten die kompletten Verhältnisse bei Foxconn geändert werden, um solchen Fällen vorzubeugen. Daher kann für diesen Fall auch nichts Konkretes vorgeschlagen werden.

Wissensversiegung
Vorgeschlagene Maßnahmen: Haltung von Wissen in Datenbanken, generationenübergreifende Erfahrungsdialoge, Interne Kommunikation

Auch wenn für die Wissensversiegung keine Fälle besprochen wurden, gibt es dennoch Schutzmaßnahmen dagegen. Es sollten die Maßnahmen herangezogen werden, die Wissen zentral halten, also nicht an einen Mitarbeiter binden. Die wohl zwei wichtigsten Maßnahmen sind einerseits die Haltung von Wissen in Datenbanken für explizites Wissen, andererseits generationenübergreifende Erfahrungsdialoge für implizites Wissen. Auch eine gute interne Kommunikation ist wichtig, da auch durch diese Wissen im Unternehmen geteilt wird.

5. Fazit & Ausblick

Goldman Sachs, Siemens oder die Faserbeton-Elemente GmbH, man sieht, Wissensschutz ist für Unternehmen jeder Größe und Branche ein wichtiges Thema. Oft unterschätzt, kann unterlassener oder unzureichender Schutz enormen Schaden anrichten. Umso unverständlicher ist es, dass sich manche Unternehmen nicht oder nur wenig darum kümmern. Auch wenn es zahlreiche Schutzmaßnahmen gibt, wird der Abfluss von Wissen nie vollkommen unterbunden werden können, da auch andere Unternehmen und Nachrichtendienste an neuen Methoden arbeiten, die bestehenden Schutzmaßnahmen zu umgehen um dadurch an das Wissen der anderen Unternehmen zu gelangen.

In den Schadensfällen sieht man deutlich, dass Wissensschutz ein recht wenig verbreitetes Thema ist und als wenig wichtig von den Unternehmen wahrgenommen wird (Manhart & Thalmann, 2013, S. 1).

Zudem wird es immer wichtiger, abgestimmte Konzepte für Unternehmen zu entwickeln, da der technische Fortschritt schnell voran geht und Wissen inzwischen meist die wichtigste Ressource eines Unternehmens darstellt. (Davenport & Prusak, 1998, S. 45)

Auch wenn in dieser Arbeit Schutzmaßnahmen zu den verschiedenen Wissensabflussmöglichkeiten behandelt wurden, ist es für ein Unternehmen nicht so einfach ein paar Maßnahmen umzusetzen und sich dann zu denken, sein Wissen sei sicher. Vielmehr muss das Wissen dieses Unternehmens identifiziert werden und anhand dessen, sowie der Beschaffenheit des Unternehmens, ein individuelles Schutzkonzept erarbeitet werden.

Aufbauend auf diese Arbeit, könnte man in einem nächsten Schritt weitere Untersuchungen in Unternehmen anstellen und vor allem auch Beispiele für die Wissensversiegung finden. Im Anschluss auf diese Ergebnisse und Fälle von Wissensversiegung könnte dann ein aktualisierter Schutzmaßnahmenkatalog erstellt und in Folge dessen Schutzkonzepte für die untersuchten Firmen erstellt werden.

Anhang: Gegenüberstellung der Abflussgründe, Maßnahmen und Klassen

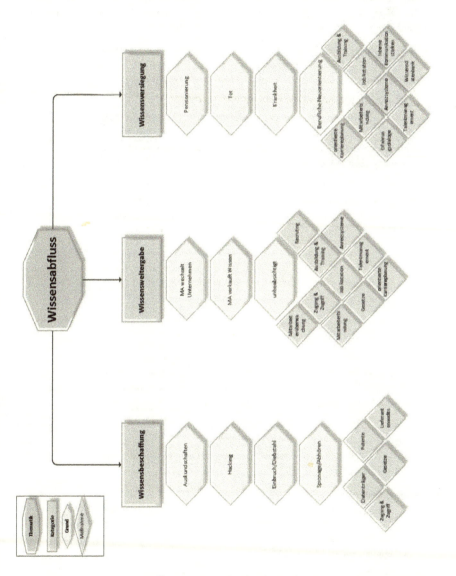

Darstellung 5: (selbst erstellt) Übersicht Kategorien, Abflussgründe und Schutzmaßnahmen

Literaturverzeichnis

Abele, E., Kuske, P. & Lang, H. (2011). *Schutz vor Produktpiraterie. Ein Handbuch für den Maschinen- und Anlagenbau.* Berlin Heidelberg: Springer-Verlag Berlin Heidelberg. Verfügbar unter http://dx.doi.org/10.1007/978-3-642-19280-7

Berliner Zeitung. (1996). *VW auf eigener Teststrecke ausspioniert,* Berliner Zeitung. Zugriff am 21.06.2014. Verfügbar unter http://www.berliner-zeitung.de/archiv/mit-infrarotkamera-neue-auto-modelle-fotografiert---weiterleitung-der-bilder-per-satellit-vw-auf-eigener-teststrecke-ausspioniert,10810590,9170940.html

Böcking, D. (2013). *Industriespionage: Chinesen sollen US-Saatgut gestohlen haben.* Zugriff am 21.06.2014. Verfügbar unter http://www.spiegel.de/wirtschaft/unternehmen/saatgutkonzerne-chinesen-sollen-monsanto-bestohlen-haben-a-938814.html

Bouncken, R. D. (2003). Konstruktion von organisationalem Wissen in Virtuellen Unternehmungen. Zugriff am 28.06.2014. Verfügbar unter http://www.bwlvi.uni-bayreuth.de/de/research/Projekte/Konstruktion_von_organisationalem_Wissen_in_Virtuell en_Unternehmungen.pdf

Cantner, U. Thesenpapier Arbeitsgruppe 3: Zwischen Wissensaustausch und Wissensschutz. Räume der Wissensarbeit - Theoretische und methodische Fragen zur Rolle von Nähe und Distanz in der wissensbasierten Wirtschaft. Verfügbar unter http://www.irs-net.de/aktuelles/veranstaltungen/downloads/TK3_Cantner.pdf

Chan, I. & Chao, C.-K. (2008). Knowledge management in small and medium-sized enterprises. *Communications of the ACM, 51* (4), 83–88.

Davenport, T. H. & Prusak, L. (1998). *Wenn Ihr Unternehmen wüßte, was es alles weiß ... Das Praxishandbuch zum Wissensmanagement ; [aus Informationen Gewinne machen ; verborgenes Potential entdecken ; von internationalen Organisationen lernen].* Landsberg u.a: Verl. Moderne Industrie.

Diekmann, F. (2012). *Staubsaugerhersteller: Dyson bezichtigt Bosch der Industriespionage.* Zugriff am 21.06.20414. Verfügbar unter http://www.spiegel.de/wirtschaft/unternehmen/staubsauger-hersteller-dyson-wirft-bosch-industriespionage-vor-a-863482.html

Droege, S. & Hoobler, J. Employee Turnover And Tacit Knowledge Diffusion: A Network Perspective. *Journal of Managerial Issues, 2003* (Spring). Zugriff am 23.06.2014. Verfügbar unter http://web.b.ebscohost.com/ehost/detail?sid=128603d3-9fc4-4fd4-a247-f48f11f4e3e6%40sessionmgr110&vid=1&hid=114&bdata=JnNpdGU9ZWhvc3QtbGl2ZQ %3d%3d#db=buh&AN=9709124

Durst, S. & Wilhelm, S. (2011). Knowledge management in practice: insights into a medium-sized enterprise's exposure to knowledge loss. *Prometheus, 29* (1), 23–38.

Ensthaler, J. (Hrsg.). (2013). *Management geistigen Eigentums. Die unternehmerische Gestaltung des Technologieverwertungsrechts.* Berlin u.a: Springer Vieweg.

Frey-Luxemburger, M. (2014). *Wissensmanagement - Grundlagen und praktische Anwendung.* Wiesbaden: Vieweg+Teubner Verlag.

golem.de. (2012). *SAP zahlt Oracle 306 Millionen US-Dollar,* golem.de. Zugriff am 21.06.2014. Verfügbar unter http://www.golem.de/news/tomorrownow-sap-zahlt-oracle-306-millionen-us-dollar-1208-93617.html

Greiner, L. (2012). *Produktion in China: Inspektoren decken Misstände bei Apple-Zulieferer Foxconn auf.* Zugriff am 21.06.2014. Verfügbar unter http://www.spiegel.de/netzwelt/gadgets/inspektoren-kritisieren-bedingungen-bei-apple-zulieferer-foxconn-a-824698.html

Hannah, D. R. (2005). Should I Keep a Secret? The Effects of Trade Secret Protection Procedures on Employees' Obligations to Protect Trade Secrets. *Organization Science, 16* (1), 71–84. Zugriff am 24.06.2014. Verfügbar unter http://www.jstor.org/stable/25145949 .

Haun, M. (2004). *Handbuch Wissensmanagement. Grundlagen und Umsetzung, Systeme und Praxisbeispiele* (2., verb. Aufl). Berlin: Springer.

Havranek, T. (2010). *Verraten & verkauft. Bespitzelung, Wirtschaftskriminalität, Industriespionage.* Wien: Molden.

Heisig, P. & Orth, R. (2005, c 2005). *Wissensmanagement Frameworks aus Forschung und Praxis. Eine inhaltliche Analyse.* Berlin: Eureki [u.a.]. Zugriff am 21.06.2014. Verfügbar unter http://www.wissensmanagement.fraunhofer.de/fileadmin/user_upload/WM/documents/pub likationen/wm_frameworks_heisig_orth_final.pdf

heute.at. (2014). *Industriespionage in Verbund-Kraftwerk?,* heute.at. Verfügbar unter http://www.heute.at/news/wirtschaft/art23662,1020963

Hus Christoph. (2005). *Herrschaftswissen bremst die Innovationskraft. Verlässt ein Mitarbeiter die Firma, kann das gefährlich werden.* Zugriff am 21.06.2014. Verfügbar unter http://www.handelsblatt.com/unternehmen/management/strategie/verlaesst-ein-mitarbeiter-die-firma-kann-das-gefaehrlich-werden-herrschaftswissen-bremst-die-innovationskraft/2493752.html

Jennex, M. E. (2009). Assessing Knowledge Loss Risk. Zugriff am 26.06.2014. Verfügbar unter http://aisel.aisnet.org/amcis2009/446/

Kreidenweis, H. & Steincke, W. (2006). *Wissensmanagement* (Studienkurs Management in der Sozialwirtschaft, 1. Aufl). Baden-Baden: Nomos.

Kremp, M. (2012a). *Industriespionage bei Nortel: Chinesische Hacker sollen Tech-Konzern ausgeplündert haben.* Zugriff am 21.06.2014. Verfügbar unter http://www.spiegel.de/netzwelt/web/industriespionage-bei-nortel-chinesische-hacker-sollen-tech-konzern-ausgepluendert-haben-a-815102.html

Kremp, M. (2012b). *US-Gerichtsurteil: Programmcode kann man nicht stehlen.* Zugriff am 21.06.2014. Verfügbar unter http://www.spiegel.de/netzwelt/web/us-gerichtsurteil-programmcode-kann-man-nicht-stehlen-a-827177.html

Kuhnau, A. (2014). *Benutzerkonto schützen: So oft sollten Sie Ihr Passwort ändern.* Zugriff am 21.06.2014. Verfügbar unter http://praxistipps.chip.de/benutzerkonto-schuetzen-so-oft-sollten-sie-ihr-passwort-aendern_29629

Kurier.at. (2013). *Spionagekrimi in Firma: Prokurist soll Know-how verkauft haben,* Kurier.at. Zugriff am 24.06.2014. Verfügbar unter http://kurier.at/chronik/niederoesterreich/noe-spionagekrimi-in-firma-prokurist-soll-know-how-verkauft-haben/31.130.743

Linde, F. & Brodersen, J. (2008). Wissen als immaterieller Unternehmenswert. *Wissensmanagement* (3), 30–31. Verfügbar unter http://www.fbi.fh-koeln.de/institut/personen/linde/publikationen/Immat_Vermoegen_2008_03.pdf

Lindemann, U., Meiwald, T. & Petermann, M. (2012). *Know-how-Schutz im Wettbewerb. Gegen Produktpiraterie und unerwünschten Wissenstransfer* (VDI-Buch, 2012. Aufl.). Berlin Heidelberg: Springer Berlin Heidelberg. Verfügbar unter http://dx.doi.org/10.1007/978-3-642-28515-8

Lüthy, W. (Hrsg.). (2002). *Wissensmanagement - Praxis. Einführung, Handlungsfelder und Fallbeispiele* (Mensch, Technik, Organisation, Bd. 31). Zürich: Vdf Hochschul-Verl. an der ETH.

Machatschke, M. *Enercon: Vom Winde verwöhnt. 3. Teil: Ingredienzien der Infamie.* Zugriff am 21.06.2014. Verfügbar unter http://www.manager-magazin.de/magazin/artikel/a-586223-3.html

Manhart, M. & Thalmann, S. (2013). An Integrated Risk Management Framework: Measuring the Success of Organizational Knowledge Protection.

Manhart, M. & Thalmann, S. (2014). Protecting Organisational Knowledge: A Structured Literature Review.

Olander, H., Hurmelinna-Laukkanen, P. & Heilmann Pia. (2011). Do SMEs benefit from HRM-related knowledge protection in innovation management? *International Journal of Innovation Management, 15* (03), 593–616.

Ortega, J. (2001). Job Rotation as a Learning Mechanism. *Management Science* (47), 1361–1370. Zugriff am 28.06.2014. Verfügbar unter http://www.jstor.org/stable/822491

Probst, G., Raub, S. & Romhardt, K. (2012). *Wissen managen.* Wiesbaden: Gabler Verlag.

Range, S. (2002). Wanze in der Kanne. Industriespionage. *Wirtschaftswoche* (34), 70–72. Zugriff am 24.06.2014. Verfügbar unter http://www.wiso-net.de/webcgi?START=A60&DOKV_DB=ZWIW&DOKV_NO=BEFO20020803765-M-FIZT-BEFODOMA&DOKV_HS=0&PP=1

Rehäuser, J. & Krcmar, H. (1996). Wissensmanagement im Unternehmen. Zugriff am 22.06.2014. Verfügbar unter

http://wwwkrcmar.in.tum.de/lehrstuhl/publikat.nsf/8992264694859f2bc125653600482ab7/
fc0f0ec41403ef3d412566500029c4a5/$FILE/96-14.pdf

Ritz, A. & Thom, N. (2011). *Talent Management. Talente identifizieren, Kompetenzen entwickeln, Leistungsträger erhalten* (2., aktualisierte Auflage). Wiesbaden: Gabler Verlag / Springer Fachmedien Wiesbaden GmbH Wiesbaden. Verfügbar unter http://dx.doi.org/10.1007/978-3-8349-6954-5

Salzburger Nachrichten. (2013). *Die Mitarbeiter sind oft Datendiebe,* Salzburger Nachrichten. Zugriff am 23.06.2014. Verfügbar unter http://www.salzburg.com/nachrichten/rubriken/bestestellen/karriere-nachrichten/sn/artikel/die-mitarbeiter-sind-oft-datendiebe-50352/

Schaefer, P. (2012). *Are Employees Stealing from You? Tips to Prevent Employee Theft.* Zugriff am 21.06.2014. Verfügbar unter http://www.businessknowhow.com/manage/employee-theft.htm

Schnalzer, K., Schletz, A., Bienzeisler, B. & Raupach, A.-K. (2012). *Fachkräftemangel und Know-how Sicherung in der IT-Wirtschaft. Lösungsansätze und personalwirtschaftliche Instrumente.* Stuttgart: Fraunhofer-Verl.

Schreyögg, G. & Geiger, D. Wenn alles Wissen ist, ist Wissen am Ende nichts?!

Spiegel Online. (2000). *Die López-Affäre,* Spiegel Online. Verfügbar unter http://www.spiegel.de/wirtschaft/chronologie-die-lopez-affaere-a-77898.html

Spiegel Online. (2007). *Formel 1: Ferrari-Ingenieure wegen Industriespionage verurteilt,* Spiegel Online. Zugriff am 21.06.2014. Verfügbar unter http://www.spiegel.de/sport/formel1/formel-1-ferrari-ingenieure-wegen-industriespionage-verurteilt-a-479098.html

Spiegel Online. (2011). *Industriespionage: Chinesisches Gericht schickt iPad-Schnüffler ins Gefängnis,* Spiegel Online. Zugriff am 21.06.2014. Verfügbar unter http://www.spiegel.de/netzwelt/gadgets/industriespionage-chinesisches-gericht-schickt-ipad-schnueffler-ins-gefaengnis-a-768744.html

Spiegel Online. (2013). *Pariser Carsharing-System: BMW unter Spionageverdacht,* Spiegel Online. Verfügbar unter http://www.spiegel.de/wirtschaft/unternehmen/bmw-in-paris-unter-spionageverdacht-a-921481.html

Springer, A. (2009). *Millionen-Code von Goldman Sachs geklaut.* Zugriff am 21.06.2014. Verfügbar unter http://www.welt.de/wirtschaft/article4074995/Millionen-Code-von-Goldman-Sachs-geklaut.html

Steffan, J., Poller, A., Trukenmüller, J., Stotz, J.-P. & Türpe, S. BitLocker Drive Encryption im mobilen und stationären Unternehmenseinsatz. Ein Leitfaden für Anwender. Verfügbar unter http://testlab.sit.fraunhofer.de/content/output/project_results/bitlocker/BitLocker-Leitfaden.pdf

Stelzer, J. (2014, 21. Juni). *Wirtschaftsspionage - Gefährliche Schnüffler*. Verfügbar unter https://www.muenchen.ihk.de/de/WirUeberUns/Publikationen/Magazin-wirtschaft-/Aktuelle-Ausgabe-und-Archiv2/Magazin-05-20010/Betriebliche-Praxis/Wirtschaftsspionage-Gefaehrliche-Schnueffler

stern.de. (2006). *Pepsi hilft Coca-Cola*, stern.de. Zugriff am 21.06.2014. Verfügbar unter http://www.stern.de/wirtschaft/news/unternehmen/wirtschaftsspionage-pepsi-hilft-coca-cola-565000.html

Trojan, J. (2006). *Strategien zur Bewahrung von Wissen. Zur Sicherung nachhaltiger Wettbewerbsvorteile*. Wiesbaden: Deutscher Universitäts-Verlag/GWV Fachverlage GmbH. Verfügbar unter http://dx.doi.org/10.1007/978-3-8350-9021-7

Tsolkas, A. & Wimmer, F. (2013). *Wirtschaftsspionage und Intelligence Gathering*. Wiesbaden: Vieweg+Teubner Verlag.

Wendt, W. R. (1998). *Soziales Wissensmanagement* (Edition SocialManagement, Bd. 12, 1. Aufl). Baden-Baden: Nomos-Verl.-Ges.

wiso.net. Interaktive prozessorientierte Managementsysteme auf Wiki-Basis. Wie Wiki Wissen wertvoll macht, *2014*. Zugriff am 21.06.2014. Verfügbar unter http://www.wiso-net.de/webcgi?START=A60&DOKV_DB=ZECO&DOKV_NO=QEQE33632303&DOKV_HS=0&PP=1

www.anleiten.de. *Explizit und Implizit - die zwei Zustände des Wissens*, www.anleiten.de. Zugriff am 22.06.2014. Verfügbar unter http://www.anleiten.de/wissensmanagement/zustaende.html

Zimmermann, S. (2011). Zusammenstellung gefährdungsspezifischer Schutzkonzepte gegen Produktpiraterie und unerwünschten Know-how-Transfer. Verfügbar unter http://pks.vdma.org/article/-/articleview/582627